CHAPTER FIVE

DAILY ROUTINE AND CLOTHING

Το πρωί, τί κάνουν;
(Tō prōē, tē kănūn?)

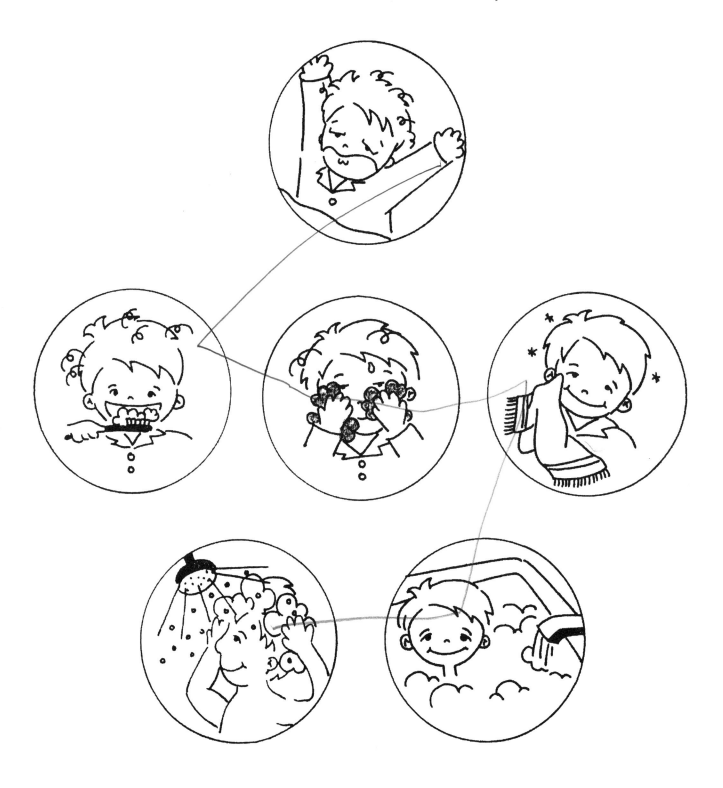

In the morning, what are they doing?

Τί κάνει το κορίτσι;
(Tē kănē tō kōrētsē?)

Ρούχα - Clothing

(rūhă)

What is the girl doing?

Τί κάνει το αγόρι;
(Tē kănē tō ăyōrē?)

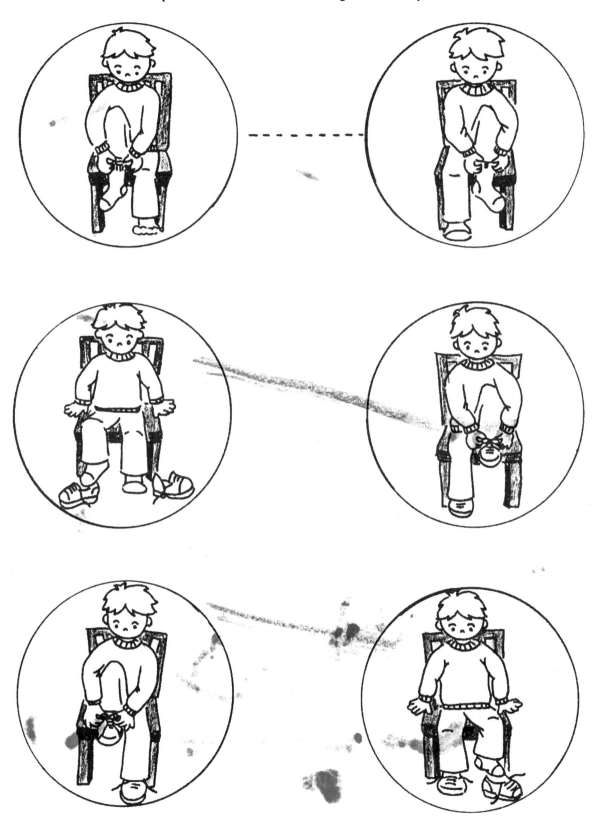

What is the boy doing?

Τί κάνουν τώρα;
(tōră?)

What are they doing now?

Το βράδυ, τί κάνουν;
(Tō vrădē)

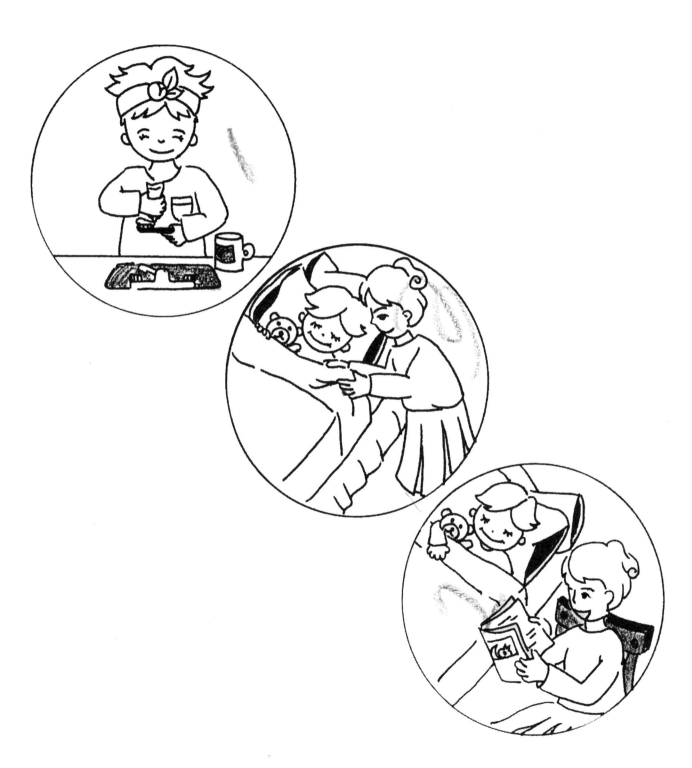

At night what are they doing?

CHAPTER SIX

SCHOOL

Εγώ πηγαίνω στο _____.

(Ĕyō pēyĕnō stō _____.)

I go to _____.

Εγώ πηγαίνω στο σχολείο.
(S/hōlēō)

ρολόι
(rōlōē)

I go to school.

Τί κάνουν στο σχολείο;
(Tē kănūn stō s/hōlēō?)

What are they doing in school ?

Εγώ έχω μέσα στην τσάντα _____ .

(Ĕyō ĕhō mĕsă stēn tsăntă _____ .

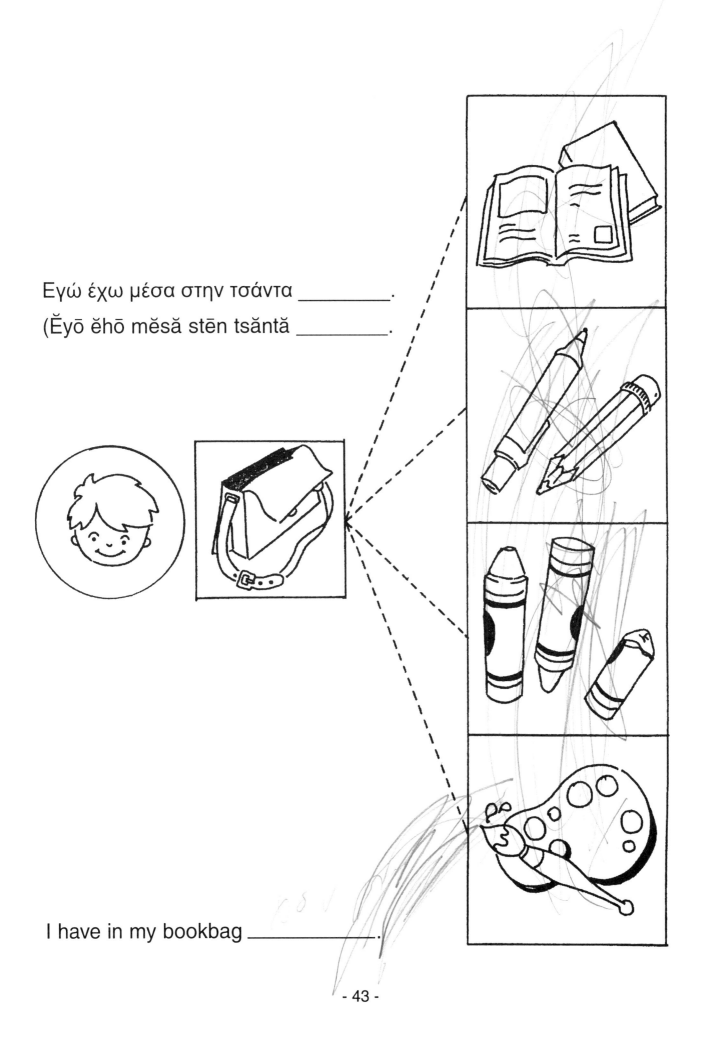

I have in my bookbag _____ .

Μεσα στην τάξη.
(Mĕsă stēn tăksē)

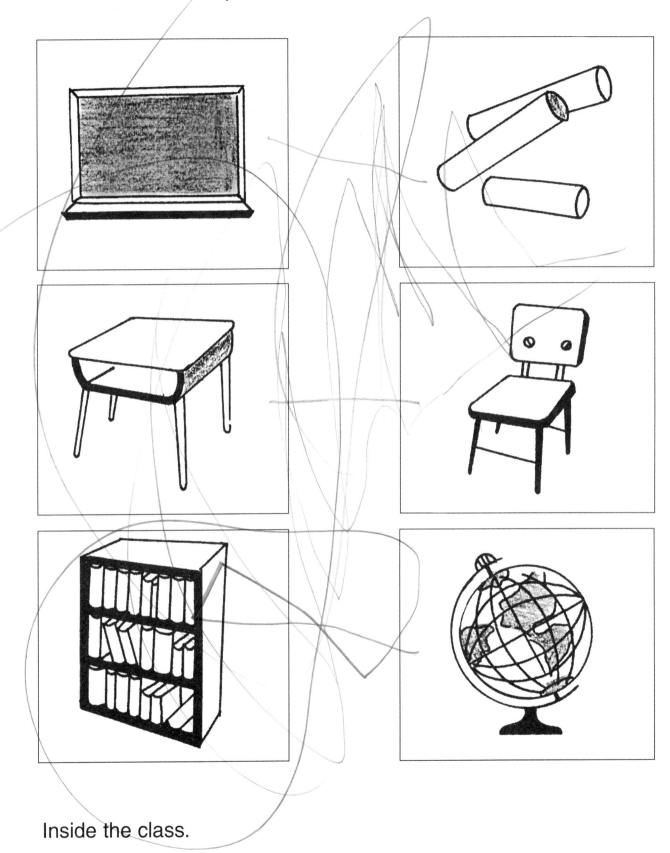

Inside the class.

Τί κάνουν τα παιδιά έξω;
(Tē kănūn tă pĕdēă ĕksō?)

What are the children doing outside?

Τί κάνουν τα παιδιά τώρα;
(Tē kănūn tă pĕdēă tōră?)

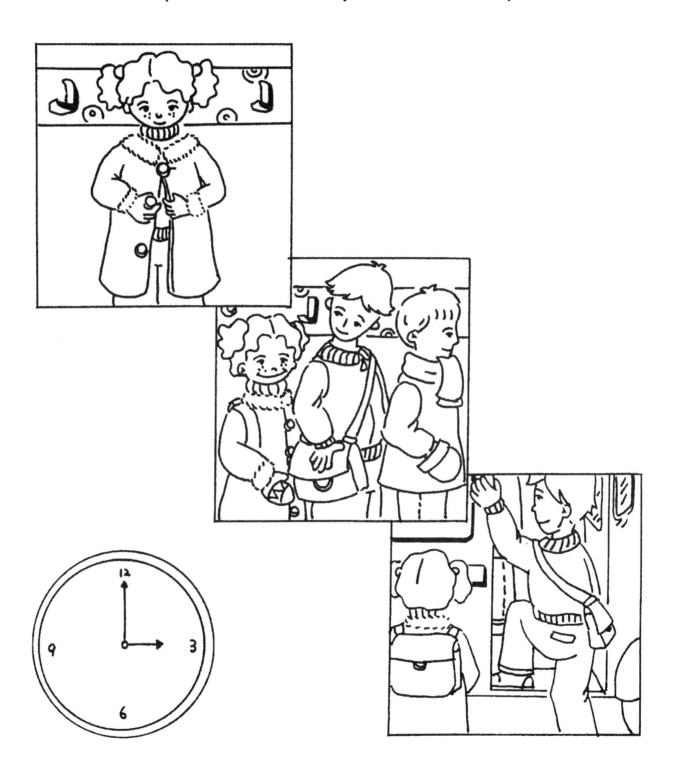

What are the children doing now?

CHAPTER SEVEN

COMMUNITY WORKERS

Ο Παπάς
(Ō Păpăs)

Or

Ο Ιερέας
(Ō Ēĕrĕăs)

Εκκλησία
(Ĕklēsēă)

Priest / Church

Γιατρός
(Yēătrōs)

Νοσοκόμα
(Nōsōkōmă)

Νοσοκομείο
(Nōsōkōmēō)

Doctor / Nurse
Hospital

Οδοντίατρος
(Ōdōndēătrōs)

Οδοντιατρείο
(Ōdōndēătrēō)

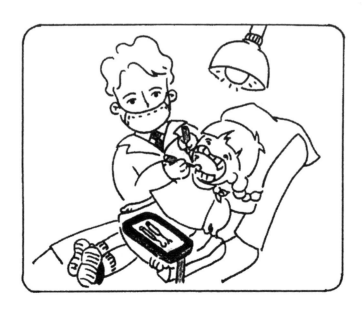

Dentist / Dentist office

Δασκάλα
(Dăskălă)

Σχολείο
(S/hōlēō)

Teacher / School

Ταχυδρόμος
(Tăhēdrōmōs)

Ταχυδρομείο
(Tăhēdrōmēō)

Mail Carrier / Post Office

Πυροσβέστης
(Pērōsvĕstēs)

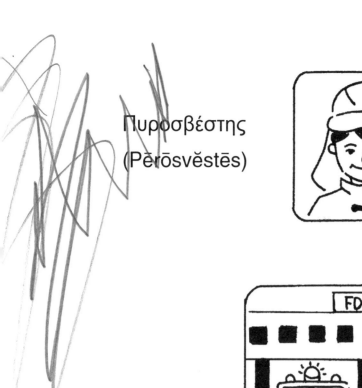

Πυροσβεστική
(Pērōsvĕstēkē)

Firefighter / Firestation

Αστυφύλακας
(Ăstēfēlăkăs)

Αστυνομία
(Ăstēnōmēă)

Police Officer / Police Station

Βιβλιοθηκάριος
(Vēvlēōthēkărēōs)

Βιβλιοθήκη
(Vēvlēōthēkē)

Librarian / Library

CHAPTER EIGHT

ANIMALS

Σταύλος
(Stăvlōs)

Barn

Ζώα
(Zōă)

Animals

η γάτα

(ē yătă)

ο σκύλος

(ō skēlōs)

το πουλί

(tō pūlē)

το ψάρι

(tō psărē)

Πού είναι _____;
(Pū ēně _____?)

Where is _____ ?

Πού μένουν τα ζώα;
(Pū mĕnūn tă zōă?)

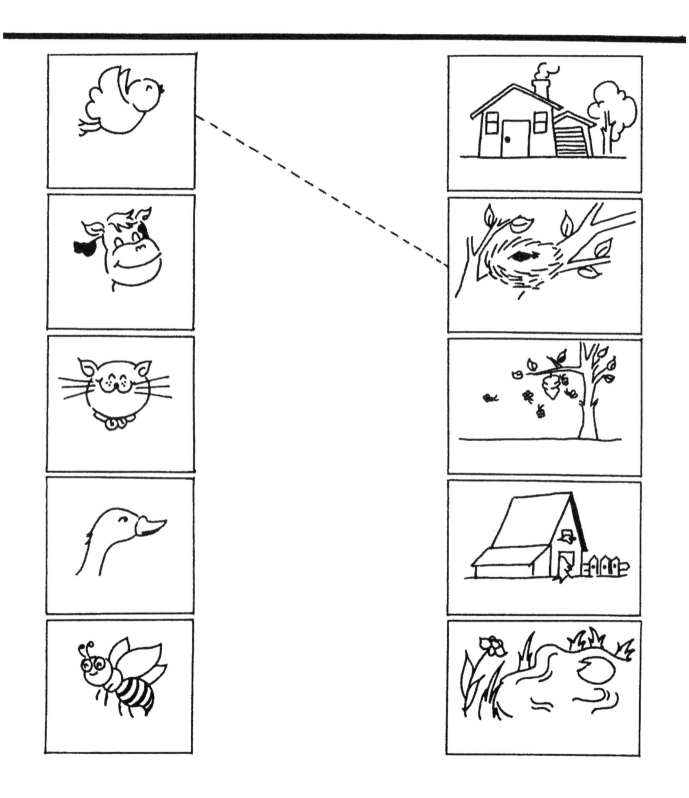

Where do the animals live?

CHAPTER NINE

SEASONS AND WEATHER

Καιρός
(kĕrōs)

Weather

Εποχές
(Ĕpōhĕs)

άνοιξη

(ănēksē)

καλοκαίρι

(kălōkĕrē)

φθινόπωρο

(fthēnōpōrō)

χειμώνας

(hēmōnăs)

Seasons

Τί φοράει το κορίτσι;
(Tē fōrăē tō kōrētsē?)

Βροχή - rain

(vrōhē)

What is the girl wearing?

Τί φοράει το αγόρι;
(Tē fōrăē tō ăyōrē?)

χιόνι - snow

(hēōnē)`

What is the boy wearing?

"I'm A Little Snowman"
sung to the tune:
"I'm A Little Teapot"

Είμαι μικρός χιονάνθρωπος,

κοντός και χονδρός

Εδώ είναι η σκούπα μου,

Εδώ είναι το καπέλο μου.

Όταν βγαίνει ο ήλιος,

Εγώ λυόνω.

Κάτω, κάτω, κάτω, κάτω,

Αχ! ....

Έγινα νερό!

CHAPTER TEN

TRANSPORTATION

αυτοκίνητο
(ăftōkēnētō)

λεωφορείο
(lĕōfōrēō)

φορτηγό
(fōrtēyō)

car / bus / truck

αεροπλάνο
(ăĕrōplănō)

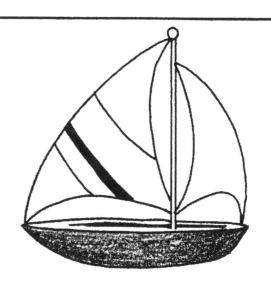

καράβι
(kărăvē)

πλοίο
(plēō)

airplane / boat / ship

ποδήλατο
(pōdēlătō)

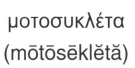 

μοτοσυκλέτα
(mōtōsēklĕtă)

τραίνο
(trĕnō)

bicycle / motorcycle / train

Πού είναι το _____;
(Pū ēně tō _____?)

Where is the _____?

CHAPTER ELEVEN

WORDS

Καλημέρα!
(Kălēmĕră!)

Good Morning!

Τί κάνεις;
(Tē kănēs?)

Καλά, ευχαριστώ.

(Kălă, ĕfhărēstō.)

How are you?
I am fine, thank you.

Καληνύχτα!
(Kălēnēhtă!)

Good Night!

Εγώ (Ĕyō) - I

περπαταώ	τρέχω	πηδαώ
(pĕrpătăō)	(trĕhō)	(pēdăō)
κλωτσαώ	ρίχνω	πιάνω
(klōtsăō)	(rēhnō)	(pēănō)
τρώω	πίνω	κοιμάμαι
(trō/ō)	(pēnō)	(kēmămĕ)
παίζω	τραγουδαώ	χορεύω
(pĕzō)	(trăyūthăō)	(hōrĕvō)

Action Words

I _____ .

μικρό

(mēkrō)

μεγάλο

(měyălō)

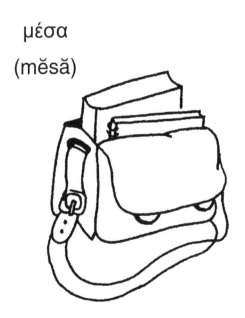

μέσα

(měsă)

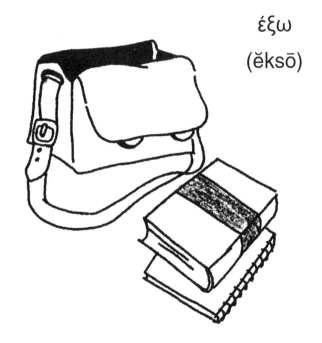

έξω

(ěksō)

small / big

in / out

πάνω

(pănō)

μακριά

(măkrēă)

μπροστά

(brōstă)

πίσω

(pēsō)

on / off – far

In front / in back

πάνω
(pănō)

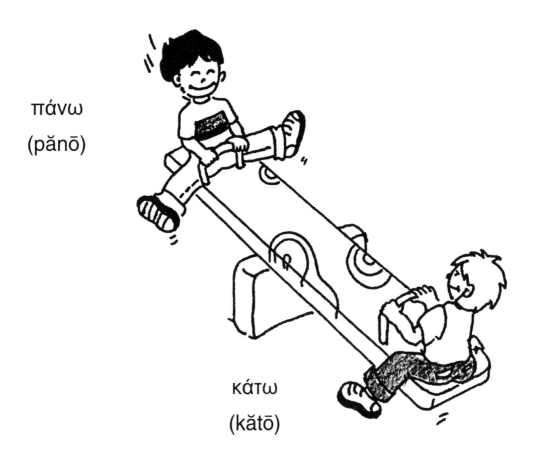

κάτω
(kătō)

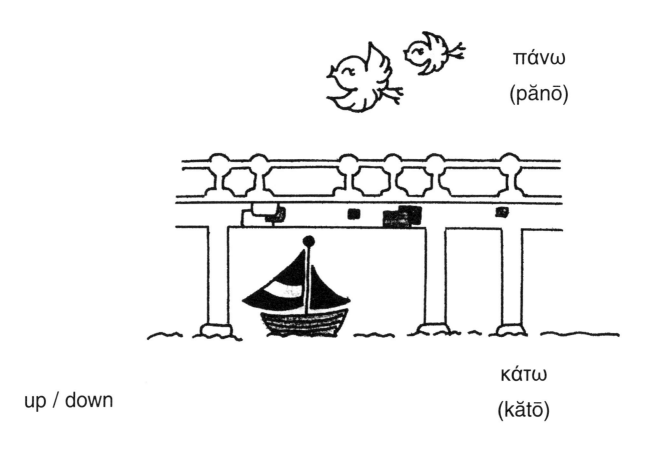

πάνω
(pănō)

κάτω
(kătō)

up / down

μικρό

(mēkrō)

μέτριο

(mĕtrēō)

μεγάλο

(mĕyălō)

small / medium / large

χαρά

(hără)

λύπη

(lēpē)

θυμός

(thēmōs)

κούραση

(kūrăsē)

happiness / sadness
anger / tiredness

CHAPTER TWELVE

ACADEMIC SKILLS

GREEK ALPHABET   PHONETIC LETTERS

Greek		Phonetic
Αα	....	(ălfă)
Ββ	....	(vētă)
Γγ	....	(yămmă)
Δδ	....	(dĕltă)
Εε	....	(ĕpsēlōn)
Ζζ	....	(zētă)
Ηη	....	(ētă)
Θθ	....	(thētă)
Ιι	....	(yēōtă)
Κκ	....	(kăpă)
Λλ	....	(lămdă)
Μμ	....	(mē)
Νν	....	(nē)
Ξξ	....	(ksē)
Οο	....	(ōmēkrōn)
Ππ	....	(pē)
Ρρ	....	(rō)
Σσ	....	(sēgmă)
Ττ	....	(tăf)
Υυ	....	(ēpsēlōn)
Φφ	....	(fē)
Χχ	....	(hē)
Ψψ	....	(psē)
Ωω	....	(ōmĕyă)

Match Upper Case with Lower Case Lettering

1			2	
A - - - - - - α			H	θ
B	δ		Θ	κ
Γ	ε		I	η
Δ	γ		K	λ
E	β		Λ	ι
Z	ζ			

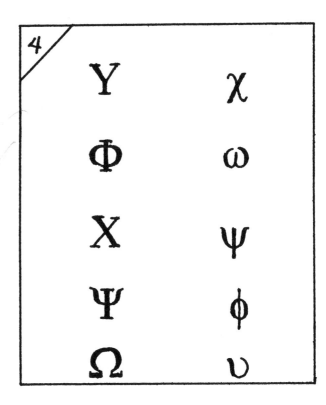

3			4	
M	π		Y	χ
N	o		Φ	ω
Ξ	ν		X	ψ
O	μ		Ψ	φ
Π	ρ		Ω	υ
P	ξ			
Σ	τ			
T	σ			

Αριθμοί (Ărēthmē)

1 ένα
(ĕnă)

2 δύο
(dēō)

3 τρία
(trēă)

4 τέσσερα
(tĕsĕră)

5 πέντε
(pĕndĕ)

6 έξη
(ĕksē)

7 επτά
(ĕptă)

8 οκτώ
(ōktō)

9 εννέα
(ĕnĕă)

10 δέκα
(dĕkă)

Numbers

Ημερολόγιο
(Ēmĕrōlōyēō)

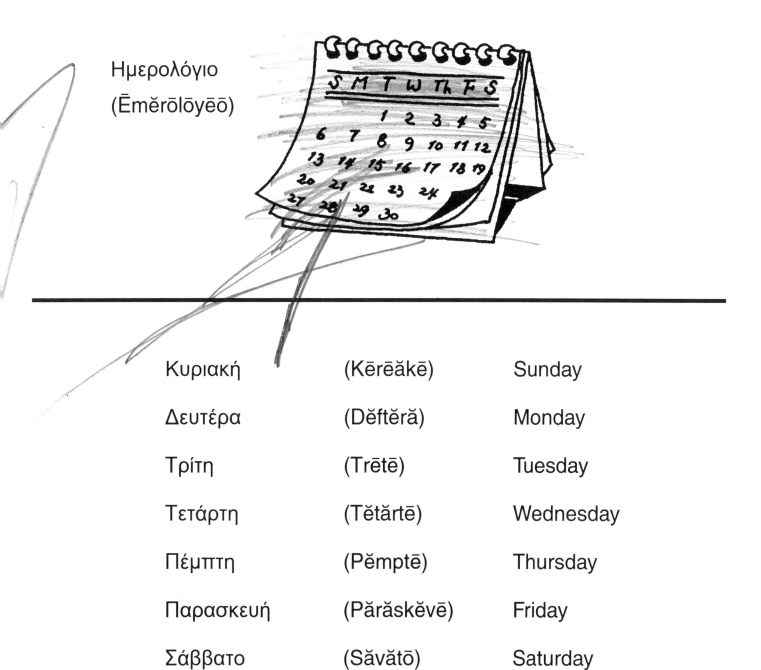

Κυριακή	(Kērēăkē)	Sunday
Δευτέρα	(Dĕftĕră)	Monday
Τρίτη	(Trētē)	Tuesday
Τετάρτη	(Tĕtărtē)	Wednesday
Πέμπτη	(Pĕmptē)	Thursday
Παρασκευή	(Pără skĕvē)	Friday
Σάββατο	(Săvătō)	Saturday

Calendar

Χρώματα   (Hrōmătă)

Το μήλο είναι κόκκινο.

(Tō mēlō ēně kōkēnō)

-The apple is red.-

Ο ουρανός είναι γαλανός.

(Ō ūrănōs ēně yălănōs)

-The sky is blue.-

Το δέντρο είναι πράσινο.

(Tō děndrō ēně prăsēnō)

-The tree is green.-

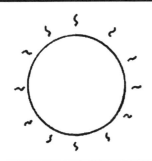

Ο ήλιος είναι κίτρινος.

(Ō ēlēōs ēně kētrēnōs)

-The sun is yellow.-

Το πορτοκάλι είναι πορτοκαλί.

(Tō pōrtōkălē ēně pōrtōkălē)

-The orange is orange.-

Colors

Σχήματα (S/hēmătă)

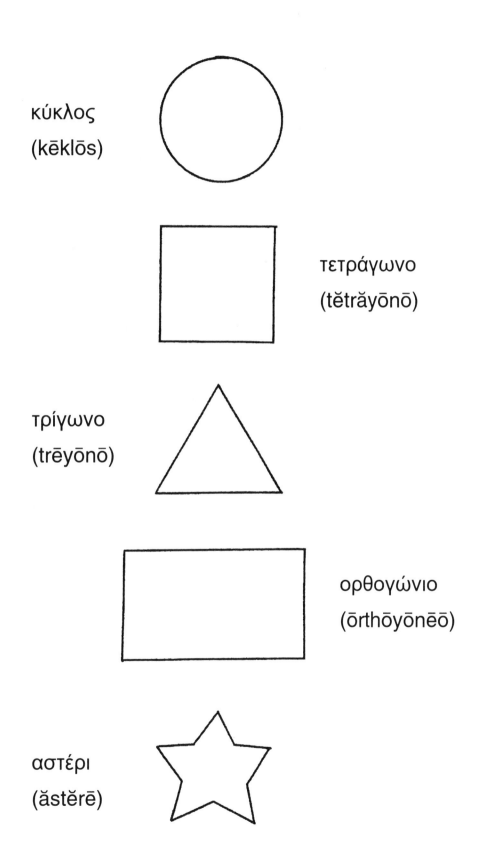

κύκλος
(kēklōs)

τετράγωνο
(tĕtrăyōnō)

τρίγωνο
(trēyōnō)

ορθογώνιο
(ōrthōyōnēō)

αστέρι
(ăstĕrē)

Shapes

Additional Words

apartment	διαμέρισμα	dēămĕrēsmă
banana	μπανάνα	bănănă
bathtub	μπανιέρα	bănēĕră
bed	κρεββάτι	krĕvătē
beds	κρεββάτια	krĕvătēă
bee	μέλισσα	mĕlēsă
blackboard	πίνακας	pēnăkăs
blessing	ευλογία	ĕvlōyēă
blouse	μπλούζα	blūză
book	βιβλίο	vēvlēō
books	βιβλία	vēvlēă
bookcase	βιβλιοθήκη	vēvlēōthēkē
boots	μπότες	bōtĕs
bridge	γέφυρα	yĕfēră
broom	σκούπα	skūpă
chalk	κιμωλία	kēmōlēă
cheese	τυρί	tērē
chicken	κοτόπουλο	kōtōpūlō
cloud	σύννεφο	sēnĕfō
cloudy	συννεφιά	sēnĕfēă
coat	παλτό	păltō
corn	καλαμπόκι	kălămbōkē
cow	αγελάδα	ăyĕlădă
desk	θρανίο	thrănēō
door	πόρτα	pōrtă
doors	πόρτες	pōrtēs
duck	πάπια	păpēă
egg	αυγό	ăvyō
eggs	αυγά	ăvyă

Additional Words

finger	δάκτυλο	dăktēlō
fingers	δάκτυλα	dăktēlă
fire	φωτιά	fōtēă
globe	υδρόγειος σφαίρα	ēdrōyēōs sfěră
glove	γάντι	yăntē
gloves	γάντια	yăntēă
hair	μαλλιά	mălēă
hat	καπέλο	kăpělō
hive	κυψέλη	kēpsēlē
meat	κρέας	krěăs
neck	λαιμός	lěmōs
nest	φωλιά	fōlēă
pants	παντελόνια	păntělōnēă
picture	ζωγραφιά	zōyrăfēă
pig	γουρούνι	yūrūnē
pond	λίμνη	lēmnē
rain	βροχή	vrōhē
raining	βρέχει	vrěhē
raincoat	αδιάβροχο	ădēăvrōhō
road	δρόμος	drōmōs
salad	σαλάτα	sălătă
shoe	παπούτσι	păpūtsē
shoes	παπούτσια	păpūtsēă
short	κοντός	kōndōs
snow	χιόνι	hēōnē
snowing	χιονίζει	hēōnēzē
snowman	χιονάνθρωπος	hēōnănthrōpōs
sock	κάλτσα	kăltsă
socks	κάλτσες	kăltsēă
strawberry	φράουλα	frăūlă

Additional Words

sun	ήλιος	ēlēōs
table	τραπέζι	trăpězē
tables	τραπέζια	trăpězēă
teeth	δόντια	dōndēă
telephone	τηλέφωνο	tēlĕfōnō
television	τηλεόραση	tēlĕōrăsē
tooth	δόντι	dōndē
tree	δένδρο	dĕndrō
turkey	γαλοπούλα	yălōpūlă
umbrella	ομπρέλλα	ōmbrĕlă
wind	αέρας	aĕras

Verbs
(Ρήματα)

The priest blesses	ο παπάς ευλογεί	ō păpăs ĕvlōyē
To clean	εγώ καθαρίζω	kăthărēzō
To cook	εγώ μαγειρεύω	măyērĕvō
To cut	εγώ κόβω	kōvō
To decorate	εγώ στολίζω	stōlēzō
To dress/up	εγώ ντύνω/ντύνουμαι	dēnō/dēnūmĕ
To fix	εγώ διορθώνω	dēōrthōnō
To greet	εγώ χαιρετώ	hĕrĕtō
To listen	εγώ ακούω	ăkūō
To look	εγώ βλέπω	vlĕpō
To mail	εγώ ταχυδρομώ	tăhēdrōmō
To open	εγώ ανοίγω	ănēyō
To paint	εγώ ζωγραφίζω	zōyrăfēzō
To play	εγώ παίζω	pĕzō
To put	εγώ βάζω	văzō
To read	εγώ διαβάζω	dēăvăzō
To see	εγώ βλέπω	vlĕpō
To serve	εγώ σερβίρω	sĕrvērō
To sleep	εγώ κοιμάμαι	kēmămĕ
To smell	εγώ μυρίζω	mērēzō
To swim	εγώ κολυμπάω	kōlēmbăō
To talk	εγώ μιλάω	mēlăō
To teach	εγώ διδάσκω	dēdăskō
To wake up	εγώ ξυπνάω	ksēpnăō
To walk	εγώ περπατάω	pĕrpătăō
To wash up	εγώ πλένομαι	plēnōmĕ
To water	εγώ ποτίζω	pōtēzō
To work	εγώ εργάζομαι	ēryăzōmĕ
To write	εγώ γράφω	yrăfō

I / εγώ (ĕyō)